A PROPOS

D'UN LIVRE RÉCENT

SUR

LA TUNISIE.

ORLÉANS. — IMPRIMERIE ET LITHOGRAPHIE EUG. CHENU.

A PROPOS D'UN LIVRE RÉCENT SUR LA TUNISIE,

OBSERVATIONS

PAR

NONCE ROCCA,

OFFICIER DE L'ORDRE IFTIKHAR, CHEVALIER DE WASA ET DU DANEBROG.

PARIS,
LIBRAIRIE DE F. SALMON,
16, RUE DES GRÈS-SORBONNE.

1866.

A Monsieur P. FAUGÈRE,

Commandeur de la Légion-d'Honneur, etc., Sous-Directeur de la Politique au Ministère des Affaires étrangères.

MONSIEUR,

Ce n'est pas au digne restituteur de l'œuvre de Pascal; à l'auteur plusieurs fois couronné par l'Institut, d'où sa modestie seule peut l'écarter encore; à l'écrivain éloquent, dans le vrai sens du mot, parce que son style est le retentissement d'une âme d'élite; ce n'est pas, non plus, au fonctionnaire éminent, mûri par la méditation et l'expérience de la politique, homme d'État par l'autorité, conseiller naturel et respecté de ceux qui le sont aussi par le rang; — c'est à l'homme en qui j'ai eu le précieux avantage de reconnaître, depuis longtemps, une bienveillance élevée et simple, une rare noblesse de cœur; et d'admirer, de plus en plus, dans une vie trop sérieuse pour être sans épreuves, ce calme inaltérable et doucement pensif qui est, ici bas, l'idéal, le caractère et le bonheur du philosophe chrétien : c'est à cet homme-là seul, Monsieur, que j'ose dédier cet humble travail.

Quand il ne vaudrait que par l'intention de servir, si obscurément que ce soit, la vérité et la science, vous me comprendrez de le mettre sous vos auspices. Mais, pour me pardonner cet hommage, vous ne chercherez, j'en suis sûr, que ce qui l'inspire au fond : c'est-à-dire, la pensée de vous témoigner publiquement la déférence et la gratitude que je vous dois et dont je n'ai plus à vous garantir la sincérité, la profondeur et la durée.

NONCE ROCCA.

Tunis, 25 novembre 1865.

I.

Depuis quelques années, on a tellement usé et abusé de la permission d'écrire sur la Tunisie, qu'un savant du XVIme siècle, provoqué de longue main dans son zèle de critique par cet incessant amoncellement de prétentions, de fadaises et d'erreurs, n'hésiterait plus à lancer sur le tout quelque formidable in-folio.

Ce serait justice. Mais, autres temps, autres mœurs. — Les vastes et puissants livres, ces catapultes de l'érudition, ne menacent plus auteurs ni lecteurs. Dans la littérature militante, comme partout, les procédés vigoureux sont proscrits aujourd'hui, même au service de la vérité. Il faut biaiser avec ce devoir comme avec tous les autres ; n'appeler jamais un chat un chat, quand même ses griffes vous sauteraient aux yeux ; dénaturer, affadir, édulcorer sa pensée et sa parole ; réduire sa conscience, confite à son tour, à ne pas entendre la grande voix du poète, qui nous crie de l'exil :

« Le juste ment, le sage intrigue...
« Notre douceur, triste semblant,
« N'est que la peur de la fatigue
« Que l'on a d'être violent (1).

Fort bien. Cependant, permettez, Messieurs les descripteurs de Tunis ; cela ne peut durer ainsi. Livre médiocre, péché vé-

(1). Victor Hugo. — Chansons des rues et des bois.

niel : soit, c'est admis. Mais ce qui doit cesser d'être admis et toléré, c'est la confiance absolue et chronique que l'on accorde en Europe à tout ce que vous débitez avec un imperturbable aplomb sur la Tunisie ; malheureux pays sur lequel, — sous prétexte de le mettre en lumière, — vous renversez à l'envi et de gaîté de cœur votre écritoire.

Vous êtes tous plus ou moins connus ; vos travaux trouvent accueil ; les journaux, voire les revues savantes, en rendent compte avec politesse et gravité. Les badauds de France et de Navarre, dressant l'oreille au titre de vos œuvres, les recherchent et les achètent ; — afin de grossir, sans le savoir, le *caput mortuum* de leurs bibliothèques et leurs illusions traditionnelles sur l'étranger en général, sur l'Orient et sur Tunis en particulier.

Il faut donc oser déclarer enfin qu'en dépit et à cause de vos livres, une étude vraie, sérieuse, complète, sur la Tunisie reste toujours à faire.

Elle exigerait trop de travail, de courage et de talent pour que nous ayons jamais la velléité de l'entreprendre. Mais, tout en laissant ce soin et cet honneur à de plus habiles et de plus hardis, il nous sera permis de leur faciliter un peu la route, ne fût-ce qu'en la déblayant, pour notre part, sur quelques points.

Nous nous proposons aujourd'hui de commencer ce modeste travail de préparation, en vue d'une œuvre grave et durable, en indiquant d'abord, en quelques mots, les imperfections générales de plusieurs ouvrages, déjà un peu oubliés, mais que l'on consulte encore. Nous étudierons ensuite avec détail un livre accepté comme supérieur aux précédents, mais qui répète et consacrera, s'il n'est convaincu d'erreur, les fautes de ceux qu'il prétend compléter et remplacer définitivement.

II.

Ab Jove principium. Voici M. Henry Dunant, de Genève. C'est, nul ne l'ignore, l'auteur d'un *Souvenir de Solférino*, où chacun doit le louer d'avoir pris en main avec tant de conviction et de chaleur la cause des blessés, en réclamant au nom de la fraternité et de la pitié humaines la neutralité des ambulances.

Émouvant écrit et bonne action. Cela suffit pour faire excuser bien des choses, même un livre sur Tunis; et nous passerions outre, si ce livre (1) n'était dans toutes les mains; si, dès son apparition, le bulletin mensuel de la docte Société asiatique de Paris n'en avait fait un élogieux compte-rendu. Entre autres mérites, l'auteur s'y voyait attribuer celui d'observateur consciencieux et d'arabisant habile (?!). *Le maître l'a dit*, il le faut croire; le maître n'aurait-il lu le livre qu'en le feuilletant à la hâte, chose plus fréquente qu'on ne pense?

Or, ce livre, ce gros et beau livre, nous l'avons réellement lu et étudié. Nous ne pouvons certes que rendre justice à ses 300 pages, à sa magnifique impression, à son fort papier, aux armes de Tunis étalées sur la couverture et à la première page, à son luxe de marges et de faux titres, à sa prodigalité de citations arabes. Mais, nous en sommes désolés, les éloges qu'il a reçus ne nous empêcheront pas de dire qu'évidemment M. Dunant n'a fait que passer à Tunis et y recueillir, comme

(1) *Tunis*, par Henry Dunant; Genève, Jules Fick; 1858.

tous les touristes, des notes rapides et à tout hasard. De ces notes et du dépouillement, imparfait d'ailleurs, d'ouvrages déjà anciens et sérieux (1) est sorti le sien, qui prouve, si l'on veut, d'excellentes intentions ; mais l'enfer en est pavé ; et, en littérature comme en morale, cela ne suffit pas. — Il faudrait un volume de même taille pour relever les négligences, les quiproquos, les erreurs, les naïvetés, les absurdités même que cet ouvrage renferme. Travail aussi fatigant qu'inutile : autant vaudrait éplucher tous les fétus d'une meule.

Après l'imposant in-8°, les brochures légères. M. H. de Charencey, membre de diverses sociétés savantes, a écrit sur Tunis (2) quelque temps après M. Dunant. Il paraît avoir puisé chez son prédécesseur certains détails mal observés et compris ou simplement controuvés. Du reste, M. H. de Charencey a contenté Boileau, au moins à moitié, en sachant se borner : il n'a écrit que 36 pages ; ce serait une circonstance très-atténuante ; mais M. de Charencey n'a jamais mis les pieds à Tunis ; de plus, sa brochure, — contrairement, je dois le dire, aux habitudes de l'auteur, — ne révèle pas une étude approfondie de son sujet : tout bien pesé, il y a donc juste trente-six pages de trop.

(1) Parmi ces livres, personne ne conteste l'autorité de ceux de L. Franck et JJ. Marcel (*Univers pittoresque* de Didot ; vol. *Tripoli, Tunis*, etc.), et de la *Description de la Régence de Tunis*, par Pellissier. — Quant aux ouvrages plus modernes, il n'est que juste de signaler les écrits spéciaux de MM. Guérin (*Voyage archéologique en Tunisie*) et Alphonse Rousseau (*Annales Tunisiennes*). Il est à regretter que ce dernier auteur, orientaliste estimé et observateur sérieux, se soit borné au rôle monotone d'annaliste. Personne, ce semble, ne lui aurait contesté sa compétence et son droit à écrire un ouvrage plus large et plus complet sur la Tunisie.

(2) *La Régence de Tunis*, par H. de Charencey, etc. ; Paris, Challamel ; 1859.

M. Oscar Gay, chevalier de la Légion-d'Honneur et rédacteur au Ministère des Affaires étrangères, semblait désigné pour consoler la Tunisie des descripteurs précédents. Initié de bonne heure à la connaissance des hommes et des choses de ce pays, et d'ailleurs habitué aux spéculations sérieuses, comme le prouve son opuscule estimable *La Course et les Corsaires,* écrit lors de la guerre plus que civile des États-Unis, M. Oscar Gay aurait pu, croyons-nous, grouper dans son opuscule (1) des faits essentiels, des détails indispensables; et tracer enfin une esquisse ferme et vraie d'une contrée si mal connue et étudiée jusqu'à lui. Nous avons le regret de constater qu'il n'a pas tenu tout ce qu'on était en droit d'attendre de sa part. Ses 60 pages sont presque exclusivement remplies de considérations vagues ou banales, visant à l'abstraction et au dogmatisme; et qui rappellent trop ce phébus politico-philosophique mis à la mode par certains journaux où il tient la place des idées, de la logique, d'une discussion substantielle et féconde. Dans cette notice historique, l'histoire est à peine effleurée : l'auteur ne s'en occupe qu'à partir du XVIIIme siècle et la quitte brusquement, on ne sait pourquoi, au commencement du XIXme; il reprend alors son système d'aphorismes qu'il entremêle d'éloges personnels, fort bien tournés, sans doute, et agréés des intéressés, mais auquel le lecteur, à tort ou à raison, préfère toujours des encouragements modérés et des conseils. M. O. Gay était en position et en mesure de donner les uns et de faire accepter les autres, dans un livre qui serait resté.

Nous devons nous borner aux ouvrages d'un caractère

(1) *La Tunisie,* notice historique par Oscar Gay; Paris, Imp. Remquet; 1861.

général (1). Nous passerons donc, sans autre transition, à la *Régence de Tunis au XIXme siècle,* in-8° publié, il y a plusieurs mois, par M. A. de Flaux. Le titre promet; et comme, sans vouloir infirmer pour cela le mérite de ses prédécesseurs, M. de Flaux a une certaine notoriété dans le monde des lettres; comme il a été chargé de missions scientifiques en Scandinavie et aux États-Unis, et qu'il a fait paraître sur la Suède et le Danemark des études agréables et estimées; comme c'est encore une mission officielle qui l'a conduit en Tunisie : nous espérions sur parole; et son livre, nous disions-nous, ne peut être que sérieux, s'il n'est même excellent.

Déception! Le livre de M. de Flaux n'a sur les autres que l'avantage de se laisser mieux lire, et d'être revêtu, en dehors de la popularité naissante du nom qu'il porte, de cette espèce d'auréole officielle qui suffit à garantir, pour la foule des lecteurs, l'autorité, la valeur intrinsèque et le succès.

Voilà surtout pourquoi il importe de parcourir ce livre et d'en relever les plus graves défauts.

Nous allons essayer de remplir cette tâche, aussi ingrate que nécessaire, avec la modération inséparable de la justice et de la bienséance; mais aussi avec la franchise et la fermeté que réclament de la critique la vérité, la science et le public :

(1) Aussi, n'avons-nous rien dit d'une foule d'écrits de circonstance. Mais il convient de distinguer:

La *Tunisie devant l'Europe*, où M. F. Prévost revendique avec talent l'autonomie politique de la Régence: il est, naturellement, enthousiaste dans son optimisme; mais cela s'explique un peu par la date (1862);

L'étude *Tunis et Carthage*, de M. Félix Julien, dans la *Revue Contemporaine* du 30 novembre 1861; sauf quelques erreurs de détail, elle est digne de l'esprit élevé et délicat qui a composé les *Harmonies de la Mer;*

Et, dans l'avalanche des articles de journaux, celui du Dr C. Cattaneo, dans le *Politecnico*, journal milanais, de février 1862.

trois choses d'autant plus dignes de respect, qu'il est plus facile et plus commun de leur en témoigner peu.

III.

M. de Flaux lui-même nous met à l'aise pour juger son livre. A la fin de ce volume de 410 pages, une feuille presque blanche s'intitule *Errata* et ne relève qu'une seule erreur. L'emploi, en apparence fautif, de ce pluriel est une sorte de prophétie que les remarques suivantes vont réaliser.

Chapitres I à IV.

La « Régence de Tunis au XIXme siècle » débute par le récit rapide de la visite de l'auteur à Philippeville. Notons quelques traits assez heureux de la description du littoral algérien, au coucher du soleil, et de l'impression que fait sur le voyageur l'immensité du ciel étoilé et de la mer. Il est fâcheux que le détail des « copieuses libations » vienne ramener brusquement à la réalité matérielle.

Avant de nous conduire à Bône, M. de Flaux nous dit (page 6) : « Les Arabes ont laissé détruire par la mer ces « abris que la nature ne fait nulle part qu'ébaucher et qui ne « peuvent être achevés que par la main de l'homme.»

Sans doute, il n'y a guère de ports absolument naturels; mais sur la côte d'Algérie infiniment moins qu'aucune part. L'auteur n'a qu'à regarder sur la carte cette courbe à peu près inflexible de la côte depuis la Tunisie jusqu'au Maroc. Il y a là la preuve de la dislocation violente d'une portion de continent aujourd'hui submergée. Le rivage algérien plonge presque partout à pic dans la mer, dont les flots éprouvent un éternel ressac. Il s'ensuit que la main de l'homme, au lieu d'avoir à compléter seulement l'œuvre ébauchée par la nature, — comme sur les côtes très-découpées et rattachées par une pente moins brusque au lit de la mer, — doit créer ici ses ports de toutes pièces et les imposer à la nature rebelle.

Quant à Bône, M. de Flaux s'en montre charmé, et nous fait partager ce sentiment. Les détails qu'il donne de la conquête de cette ville, à trois reprises, sont, à quelque égard, neufs et curieux. Mais si Bône n'a pas à se plaindre de notre auteur, il n'en est pas ainsi tout-à-fait de même de sa vénérable aînée Hippone-Royale. Non pas qu'il n'y ait dans la manière dont M. de Flaux parle de ses ruines une sorte d'élévation d'idées et de langage. Mais nous ne savons pourquoi l'auteur assimile le souvenir de Saint-Augustin, remplissant la solitude où fut son Église, à celui d'Hamlet peuplant le château de Kronborg et la villa de Marienlijst. L'émotion qu'on éprouve à évoquer de leurs tombes séculaires les grands hommes, sur la terre même où ils ont vécu, au milieu des ruines de leur âge, est tout autre chose, selon nous, que la rêverie où vous plonge un souvenir légendaire par lequel le génie d'un poète a immortalisé une contrée. Sur les bords du Sund, dont nous n'oublierons jamais la mélancolie sereine et grandiose, l'ombre pâle d'Hamlet le songeur vous apparaît sans doute ; mais inséparable de celle de Shakespeare, qui la domine aussitôt et bientôt l'efface, l'absorbe et dispute seule, enfin, votre admiration religieuse à l'incomparable spectacle du Bosphore scandinave. Mais tout cela, quoiqu'on dise, est flottant et vague, parce que vous ne marchez ni sur la poussière d'Hamlet ni sur celle du grand William. A Hippone, c'est aussi le génie d'un homme qui vous fait interroger et ranimer le passé : mais c'est cet homme lui-même, c'est Saint-Augustin, — et avec lui toute son époque dont il est l'âme, — qui se dresse devant vous, vivant, sans dédoublement, tout entier, à la place même où a plané son regard, où a retenti sa parole, où son éloquence, ses luttes, sa charité, toutes les grandeurs enfin de sa vie se sont réunies et confondues dans la majesté de sa mort!

Serait-ce, Monsieur, pour ne pas ternir son auréole, que vous écrivez ceci de lui: « Les plaisirs qu'offrait cette Rome « africaine (Carthage) pédante et dissolue... ne pouvaient avoir « que peu d'attraits pour l'austère jeune homme... »? Vous ajoutez plus loin: « Parti païen de l'Afrique, il y retourna « chrétien. » D'abord, vous ne pouvez ignorer que, quoique fils d'un païen, Aurèle-Augustin a été élevé chrétiennement par Monique sa mère; et que, si, plus tard, il fut manichéen jusqu'à l'âge de 32 ans, il ne cessa pas pour cela d'être chrétien: l'hérésie étant en dehors de l'orthodoxie et non pas du christianisme; c'est élémentaire. Quant à l'austérité de jeunesse de Saint-Augustin, avez-vous oublié les aveux sublimes de ses *Confessions*? Ne vous souvient-il plus de ce passage qui nous retrace si vivement le dernier combat où la grâce divine finit par le dompter? Déjà vaincu dans l'intelligence, il résistait encore par les passions. Elles balançaient en lui l'ascendant des pleurs de sa mère, de la parole de Saint-Ambroise, et l'impression, profonde jusqu'à l'émulation, du spectacle des vertus chrétiennes. Au milieu de sa résistance et de ses larmes, dans une de ces crises morales si douloureuses aux nobles âmes, il prit, d'inspiration, le livre de l'Apôtre, y puisa, en quelques mots, prophétiques et divins, cette féconde douleur du repentir, aurore de l'espérance et de la foi chrétiennes; et l'élégant, le mondain, l'hérétique Aurèle-Augustin se releva Père de l'Église. Ce réveil de la conscience et du sentiment du devoir, à travers l'anarchie honteuse des appétits et de l'égoïsme; ce triomphe définitif de la volonté sur elle-même; cette expiation du passé par l'avenir; cette transfiguration de l'homme par le plus difficile et le plus beau des courages : voilà ce que la religion appelle la sainteté ; voilà ce qui s'impose à l'admiration universelle, et voilà aussi, précisément, ce que vous dérobez à la nôtre, en dénaturant, comme vous faites, la première partie d'une émouvante vie, sans laquelle la seconde n'eût pas été !

Chapitres IV a X.

Arrivé à la Goulette, M. de Flaux nous en fait une trop poétique description. L'effet de son imagination méridionale va jusqu'à cette similitude : « Tunis, éclatante de blancheur, « abritée par sa montagne, ressemble, au milieu de l'azur du « ciel, à une perle blanche enchâssée dans une émeraude. » M. de Flaux, au rebours du coq de la fable, prise beaucoup les perles ; déjà, à la page 3, il comparait les maisons de Stora à « des perles fixées sur une robe de velours » ; le velours est ici remplacé par l'émeraude : c'est plus riche ; mais cette émeraude, est-ce la montagne, qui est fauve et pelée, ou bien « l'azur du ciel » ? On ne saisit pas bien la position de Tunis dans tout ceci ; mais il est évident que l'auteur ne s'en est guère rendu compte ou qu'il ne s'en souvient que confusément. D'ailleurs, ces comparaisons tirées de la joaillerie sont devenues banales à désespérer. Passe encore quand elles sont à peu près exactes.

Page 22. — « Un médecin et un employé de la douane..., « deux hommes jeunes et parlant admirablement français.., « ayant ce beau type des maures de la côte... » Ces maures de la côte sont tout simplement deux français. L'étonnement de M. de Flaux ressemble à celui d'un voyageur qui s'ébahirait à Londres d'entendre parler l'anglais, une langue si difficile, même aux petits enfants.

Pages 22 et 23. — Près de deux pages sont remplies par des détails fastidieux sur un certain David, cicérone israélite de M. de Flaux. Entre autres rodomontades, gratuitement attribuées à cet homme, l'auteur cite avec surprise celle de porter le bonnet rouge (chéchia), réservé, selon lui, aux Musulmans. Or, depuis 1857, tous les Israélites, sans distinction, doivent la porter, de par un décret du Bey Mohammed.

Page 24. — « La Goulette, restée immobile, me donne une « idée exacte d'une rue de Venise au XIVme siècle... l'architec-« ture est à peu près la même... » O reine des lagunes, pardonnez cette comparaison, pour que l'histoire et l'art puissent la pardonner aussi.

P. 25 et 26. — « Le lac de Baheirah n'a que 20 kilomètres « d'un port à l'autre... » En droite ligne, c'est moins de dix kilomètres. J'accepte les « ibis » au lieu des simples plongeons du lac ; mais quant aux « palmiers croissant au pied de la « digue, qui protége le lac des fureurs de la mer ; » quant à la « berge élevée et droite, » à la « kyrielle » de chameaux « dont le poil roux tranche et se détache sur le double azur du ciel et de la mer », j'avoue que je ne sais ce que tout cela veut dire. J'ignore absolument de quelle digue et de quels palmiers M. de Flaux entend parler ; pour ses chameaux, je le défie bien de distinguer, même avec une lunette, leur « poil roux » à une pareille distance ; et, avec la meilleure volonté du monde, leur silhouette ne se peut détacher sur l'azur du ciel, ni sur celui de la mer, l'horizon étant tout autour du lac fermé par des collines ou des montagnes.

Page 29. — « J'ai vu dans le port de Porto-Farina les « quelques vaisseaux qui composent la marine militaire de la « Régence... » Dites, Monsieur, que vous avez cru voir ; car, 1° l'escadre de Tunis est toute entière à la Goulette ; 2°, elle ne pourrait jamais être à Porto-Farina. Vous avez lu Pellissier : il le dit et vous en donne la raison : « Le lac de Porto-Farina « n'est séparé de la mer que par une étroite langue de terre, « percée d'un pertuis encombré de sable et présentant si peu « d'eau que les plus faibles embarcations ont de la peine à le « franchir ; le lac lui-même a peu de profondeur... » — Cette observation date déjà d'une vingtaine d'années ; il y en a bien quarante qu'elle est vraie. M. de Flaux ayant lu quelque part que Porto-Farina était jadis le Toulon tunisien, a cru que cela pouvait bien toujours être ; et, dans le doute, au lieu de s'abstenir, comme le veut l'adage, il s'est hâté d'affirmer, et d'affirmer qu'*il a vu.*

Page 40. — M. de Flaux, poursuivi sans doute par le souvenir de ses fameux chameaux au poil roux, prétend, comme il l'a déjà fait (page 35), que ces paisibles animaux deviennent parfois tout-à-coup furibonds en pleine rue, au milieu de la foule, où ils renouvellent à coups de mâchoire les prodiges sanglants de l'Hercule hébreu. Pauvres et innocentes bêtes ! M. de Flaux essaie de vous faire une bien redoutable réputation ! On lui aura débité quelque histoire bien terrible de vos accès de fureur, en se gardant bien de dire que votre méchanceté n'était, presque toujours, que le désespoir de subir celle de vos maîtres.

Nous bornant à citer (pages 45 à 50) l'emploi répété du mot *Fondouk* (caravansérail) comme synonyme de boutique ; l'affirmation que le tour n'est pas connu à Tunis, suivie de la description d'un appareil qui n'est autre que le tour primitif, nous arrivons à la page 51, où M. de Flaux, avant de s'occuper de la population de la Tunisie, raille agréablement les faiseurs de statistiques. Ils sont parfois, en effet, sujets à caution. Mais, vous essayez de les tourner en ridicule, tout en ignorant les données sur lesquelles ils se fondent : c'est votre aveu. Dans l'impossibilité d'un contrôle, pourquoi les insinuations malicieuses, et puisque vous doutez avec ironie, comment acceptez-vous leurs chiffres ? D'ailleurs, quoique le recensement n'existe pas en Tunisie, il n'est pas aussi difficile que vous le croyez de supputer avec une approximation suffisante le nombre des habitants. N'a-t-on pas les registres de la capitation, les matricules de l'armée, la liste des guerriers de chaque tribu ? Quel dommage, Monsieur, que vous n'ayez pas songé à profiter de ces précieux éléments ! Sans doute, vous nous auriez prouvé que l'art vous est aussi facile que la critique.

Page 53. M. de Flaux, en parlant avec éloge de M. Léon Roches, alors (1861) chargé d'affaires de France à Tunis, affirme que ce fonctionnaire est venu en Afrique « tout enfant. » Or, dans l'Illustration du 4 janvier 1845, on lit dans un long et curieux article consacré à M. Roches, qu'il est né à la fin de 1809, et qu'il est arrivé à Alger à la fin de 1832, c'est-à-dire à l'âge de 23 ans. M. Flourens lui-même n'oserait soutenir qu'à cet âge on est encore « tout enfant. »

Nous ne toucherons à la page 55 que pour prendre acte de ces paroles de M. de Flaux : « ... A l'endroit même où s'éle« vait le temple de Baal, et que Saint-Louis avait depuis six « siècles purifié de son sang (?) ». Déjà, page 30, on lisait : « ... « à l'époque où les Croisés, conduits par Saint-Louis, campaient « dans les plaines de Carthage. » On verra plus loin (page 52) pourquoi nous avons fait et rapproché ces deux citations.

Page 60. « La langue italienne sert... dans toutes les tran« sactions avec les indigènes... » C'est-à-dire qu'un certain nombre d'indigènes la baragouinent de façon à rendre indispensable pour les Européens la connaissance et l'emploi de l'arabe dans la moindre transaction sérieuse.

Chapitres X à XVII.

Pages 63 et 64. Les détails que nous donne M. de Flaux sur les chrétiens de Tunis (chapitre X), débutent par une histoire entièrement fantastique de M. l'abbé Bourgade, aumônier de la chapelle de Saint-Louis, à Carthage.

D'après l'auteur, ce missionnaire n'aurait été qu'une sorte d'ermite, sequestré du monde par la manie des antiquités et des fouilles, et, qui pis est, ne s'en préoccupant que comme d'une source possible « de gloire et de richesses. » Il serait resté à Saint-Louis jusqu'à ce que « les dames chrétiennes auraient « trouvé qu'il était plus commode d'entendre la messe des « capucins, » à Tunis... etc. — C'est le moins que nous puissions dire, M. de Flaux a été bien mal renseigné. Nous n'avons pas ici à faire l'histoire de M. l'abbé Bourgade. Si l'auteur s'était donné la peine de parcourir les dernières pages de *Tunis* dans l'*Univers* de Didot, ou simplement de consulter la *Biographie universelle* de Hœfer ou le *Dictionnaire des Contemporains* de Vapereau, il saurait que l'abbé Bourgade, antiquaire et philologue, il est vrai, mais avant tout et surtout apôtre, ne s'est pas absurdement confiné à Saint-Louis de Carthage, et qu'il s'est dévoué à servir, à Tunis, la civilisation chrétienne et, tout à la fois, l'influence française. Pour lui, la chapelle de Saint-Louis n'était pas un simple monument commémoratif: c'était un symbole d'avenir, puisque sur cette terre où les cendres des Martyrs se mêlaient à celles des Croisés, elle élevait dans les airs, avec la croix du Christ, le drapeau de la France. Il voulait donc, en instituant, le premier, comme il l'a fait, nul ne l'ignore, l'éducation et la charité publiques à Tunis, prêcher l'Évangile par des bienfaits; et, du même coup, justifier, en la rendant sympathique, la prépondérance naturelle des conquérants d'Alger dans ce pays. Cette œuvre, éminemment chrétienne et nationale, encouragée d'abord, a été répudiée ensuite. Il n'importe. Rien ne saurait en enlever à M. l'abbé Bourgade l'impérissable honneur.

Page 65. « On ne saurait se faire une idée de l'impression « pénible que l'on ressent en entendant une messe chantée à « faux par ces moines... qui, grâce à leurs chéchias, *qu'ils ne « quittent jamais, même au moment de l'élévation*, ressemblent « plus à des santons musulmans qu'à des prêtres chrétiens... »

Sans vanter le plain-chant ni la musique de l'église de Tunis, je suis bien forcé de dire à M. de Flaux qu'il semble en parler sans connaissance de cause et seulement d'après le récit de quelque mauvais plaisant ; dans le cas contraire, il ne pourrait déclarer avec autant d'aplomb que les capucins gardent à perpétuité leurs chéchias *même pendant l'élévation !* Ces bons pères ne s'en coiffent, et à regret, que dans les rues, suivant un usage immémorial établi à Tunis pour que la calotte des moines, exactement pareille à celle que portaient autrefois les Juifs, ne les exposât pas, comme ces derniers, à des avanies de la part des Musulmans.

Ibid. « Les cloches sont muettes ; le couloir qui conduit à la « cour (de l'église) est si obscur et si étroit que cent fois j'avais « passé devant elle sans soupçonner son existence. »

Or, les cloches sont loin d'être muettes ; le couloir qui conduit à l'église n'est pas monumental, c'est vrai ; mais il a bien encore environ deux mètres de largeur sur quatre à cinq de haut ; et il est vivement éclairé par la cour découverte où il aboutit et dont on voit parfaitement les colonnes en passant dans la rue, sur laquelle la porte d'entrée s'ouvre large de près de deux mètres et haute de quatre. Que dire, maintenant, des allées et venues de notre auteur devant tout cela sans jamais en soupçonner l'existence ?

Page 68. « Ils (les juifs)... ne subissent non plus aucune charge de l'Etat.. » Erreur. Dans toute la Tunisie, les juifs, sujets du Bey, subissent les mêmes charges que les musulmans. A Tunis, ils sont, il est vrai, exemptés de la capitation ; mais il en est de même de tous les habitants indigènes.

Cette exception, en faveur de la capitale, n'est pas, d'ailleurs, un pur privilége, puisque musulmans et juifs de Tunis ont à payer sur diverses denrées une espèce de taxe d'octroi qui n'est pas en vigueur en province. Mais, à Tunis même, les juifs sont soumis à une redevance pour avoir le droit de posséder des temples et des écoles. C'est là un reste de l'ancien tribut imposé à tous les infidèles en pays musulmans.

Page 69. « Les juifs habitent un quartier qui leur est pro-
« pre ; mais ce n'est pas, comme autrefois en Allemagne et
« en Italie un ghetto, où ils étaient refoulés et maintenus... »

Cela prouve que M. de Flaux ne connaît pas l'ancien quartier de la *Hara*, où est encore aujourd'hui entassée la majorité des juifs : véritable idéal de ghetto.

Page 70. L'auteur unit les deux mots *Kaïd* (chef, titre honorifique) et Nessim (nom propre) en un seul, *Kaïdnessin*, qu'il prend et donne pour équivalent de *trésorier du Bey*.

« Et le Pirée a part aussi
« A l'honneur de votre présence ?
« Vous le voyez souvent, je pense ?
« — Tous les jours, il est mon ami ;
« C'est une vieille connaissance. »

Page 74. M. de Flaux dénature les faits et confond les dates, en racontant, avec assurance, comme s'étant passé sous Ahmed-Bey, un évènement qui n'a eu lieu qu'en 1857, sous le Bey Mohammed : la condamnation et le meurtre juridique de l'israélite Bâtou. Inutile de relever toutes les inexactitudes de ce récit, qui tend à justifier les bourreaux, en accusant la victime de fanatisme furieux et déchaîné.

Les pages 78 et 79 sont remplies de détails erronés sur les coutumes des Juifs relativement à leurs morts, à leurs domestiques et à leurs médecins. Pour ne parler que de ceux-ci, l'auteur prétend qu'il y a à Tunis une catégorie de médecins juifs dont les plus instruits ne font que suivre les traditions de la vieille médecine arabe : ce qui est complétement imaginaire. Viennent ensuite des détails très-fantaisistes sur un médecin de cette prétendue catégorie, qui est, tout bonnement, un docteur de la faculté de Pise.

Si M. de Flaux avait reproduit ici les premières pages du chapitre XX de *Tunis* du docteur Frank, il y aurait eu quelque avantage, sinon pour la vérité actuelle, du moins pour la vérité historique.

Au temps de Frank, il existait encore, en effet, à Tunis une sorte de corporation de praticiens indigènes, la plupart juifs, qui n'avaient tous de commun avec les Aben-Sina (Avicenne) et les Aben-Rousch (Averroès), que le vain titre de *Hakim* (médecin).

Aujourd'hui cette ombre piteuse des illustres écoles arabes du moyen-âge s'est évanouie devant les disciples des facultés d'Europe. Non pas, hélas ! qu'il n'y ait toujours une collection aussi curieuse que menaçante d'empiriques juifs, majestueusement ignares, exerçant leur industrie de par l'indignation divine et l'ineptie nationale ; mais il y a en outre, grâce au ciel, un plus grand nombre encore de médecins véritables et distingués, israélites aussi, parmi les docteurs européens.

Ibid. « Le porc, repoussé, dit l'auteur, par les Juifs com« me par les Musulmans, est inconnu en Tunisie... »

Il n'en est rien. Ce paria des animaux croît et multiplie à foison, surtout à Tunis, sous l'égide, dans les taudis et parmi la famille même des Maltais de bas étage. C'est à ce point, qu'en dépit des réglements draconiens de la municipalité, on voit, à chaque instant, quelque fangeux compagnon d'Ulysse accourir tout effaré, pour compliquer encore les embarras, déjà très-variés, des deux ou trois nouvelles rues carrossables.

Pages 81 à 84. « Il ne sort à pied que les femmes (juives) « de mauvaise vie ; les autres ne se risquent qu'en voiture... »

Eh ! bien, les plus respectables mères de famille et leurs demoiselles sortent parfaitement à pied ; il leur serait d'ailleurs assez difficile d'aller en voiture dans des rues souvent moins larges qu'un essieu. Il y a bien des femmes juives qui « se risquent en voiture » aux abords de la ville. Mais se sont précisément les mêmes qui s'étalent à leurs fenêtres dans certaines rues et que M. de Flaux « au courant de ces étranges habitudes » est allé naïvement admirer.

C'est aussi à cette classe *sui generis* de femmes qu'appartient le monopole des minauderies dont l'auteur paraît avoir été l'objet. Il n'y a là qu'une spécialité de condition et de métier, et nullement une habitude générale comme le prétend M. de Flaux, qui se montre ainsi trop honnête pour les femmes si prévenantes à leurs fenêtres, et pas assez pour les autres.

Nous ferons exactement les mêmes observations à propos d'un accoutrement fort débraillé, où la gaze joue, à ce qu'il semble, un grand rôle, et qui, tout indécent que l'auteur le trouve, constitue selon lui l'ancien costume juif, tandis qu'il n'est ni traditionnel ni bien porté.

Le chapitre XIII, consacré aux « Musulmans », est rempli de curieux passages dont voici quelques-uns :

Page 88. « Les Arabes qui peuplent toute la Régence et qui sont en majorité même à Tunis... »

L'auteur a suivi, en l'exagérant encore, l'idée peu justifiée de Pellissier ; C'est à tort. La race arabe s'est violemment mêlée à la population de l'Afrique du Nord et lui a imposé son culte, sa langue, sa nationalité et son nom même ; mais elle n'a pu ni l'absorber, ni la transformer. — Ce qui semble autoriser les Européens à prêter aux Arabes une importance qu'ils n'ont pas et à confondre sous cette dénomination vague toutes les races de la Berbérie, c'est l'idée routinière et fausse que la tribu étant un caractère essentiel de la race arabe, toutes les tribus sont originaires de l'Arabie. Or, à priori, il est vraisemblable que, l'analogie du sol entraînant celle des mœurs et des sociétés, il a dû y avoir de toute antiquité des tribus africaines. Tous les historiens sont unanimes à le constater. C'est, du reste, un fait historique, fort important, qu'une députation de ces tribus au calife Omar a provoqué l'invasion arabe. Ces tribus se sont perpétuées à côté de celles de conquérants avec lesquelles elles se sont inévitablement mêlées sur quelques points et en petite proportion ; tout en continuant de se rattacher, en masse, au véritable fond de la population, à cette antique et puissante race lybienne (Berbers et Kabyles) qui a résisté à vingt conquêtes ; indestructible comme cet Atlas dont elle peuple les versants et les vallées, et qui est, pour elle comme pour le sol, le point d'appui de sa force et de sa durée. Ajoutez à ce groupe principal d'habitants les débris très-mélangés des races dont le type pur a disparu, Phénico-Puniques, Romains, Wandales, Turks, et il ne vous restera qu'une faible minorité de vrais Arabes : quelques tribus à peine ; le dernier tunisien vous le dira.

Dans la ville même de Tunis, infiniment peu ou point de

traces des conquérants du Hédjaz et de l'Yémen. Débris fusionnés entre eux des diverses races antiques du littoral, mêlés à quelques restes d'habitants primitifs et à un certain nombre de Maures andalous ou siciliens, n'ayant dans leurs veines que fort peu de sang arabe ou directement originaires d'Afrique : tels sont les divers éléments de la population.

Je ne sais maintenant comment M. de Flaux entend concilier ces deux affirmations dans la même page (88) : « Ces hommes « de diverses origines ont tous conservé le type distinctif de « leur race... » et « ... ils (les Arabes) se sont tellement assimi- « lés les naturels du pays, qu'il est aujourd'hui impossible de « reconnaître le fils du vaincu du fils du vainqueur. »

Je livre ces deux assertions contradictoires à la sagacité et au jugement des lecteurs ; en leur déclarant toutefois que les types originels des diverses races sont faciles à reconnaître ou à recomposer d'après des traits épars.

Ibid (page 88). » Le *système féodal*, apporté sans doute par « les Croisés, a été adopté et conservé par lui (par ce peuple), « et c'est dans les tribus africaines qu'on peut se faire l'idée « *la plus exacte* de l'organisation de nos pères au moyen-âge...»

Je demanderai d'abord à M. de Flaux quels sont les Croisés dont il veut parler. Je ne vois quant à moi que ceux de Saint-Louis, lesquels n'ont fait que se montrer, échanger avec les Tunisiens quelques coups d'épée, perdre les trois quarts de leur monde et leur roi, et partir sans avoir jamais pénétré nulle part dans le pays.

Quant à la prétendue organisation *féodale* de la *tribu*, — est-ce que ces mots ne hurlent pas de se voir accouplés ? — il y a plusieurs années déjà qu'un savant illustre, résumant dans un livre, presque définitif, toutes les données séculaires de l'histoire et de la tradition sur les peuples sémitiques, disait ce qui suit :

« La véritable société sémitique est celle de la tente et de la « tribu... Les questions d'aristocratie, de démocratie, de « *féodalité* que renferme toute l'histoire des peuples aryens, « *n'ont pas de sens* pour les Sémites. L'aristocratie n'ayant pas « chez eux une origine militaire, est acceptée sans contestation; « la noblesse sémitique est toute patriarcale : elle ne tient pas « à la conquête ; elle a sa source dans le sang. » (1).

Et, il y a quelques mois à peine, un autre écrivain éminent, « après avoir étudié *de visu* la société arabe, n'hésitait pas à écrire :

« La société arabe *ne constitue pas*, ainsi qu'on l'a prétendu, « *une féodalité :* c'est un peuple, divisé en tribus ayant à leur « tête des familles dont le temps a consacré l'influence. » (2).

M. de Flaux voudrait-il, maintenant, persister quand même dans son assimilation impossible entre la tribu et le système féodal : celui-ci, où la terre et ses habitants sont la chose du seigneur, de par Dieu et le droit héréditaire de conquête, et où, par suite, le vasselage, le servage et la corvée sont de nécessité ; celle-là, où le sol appartient à toute une agglomération d'hommes libres et égaux entre eux, dans l'inégalité d'ailleurs naturelle de leurs conditions, déléguant à un chef, élu de tous, une autorité que tout le monde ne subit pas, mais reconnaît, parce qu'elle est établie par chacun.

De la page 88 à la page 97, les assertions vagues, inexactes,

(1) Ernest Renan ; Histoire et Système comparés de Langues Sémitiques.

(2) Napoléon III. Lettre sur l'Algérie, adressée au Maréchal duc de Magenta, etc.

controuvées abondent à ce point, qu'il faut renoncer à les relever toutes. Contentons-nous d'en noter deux ou trois.

Pages 93 et 94. « *J'ai vu* sur la poitrine de plusieurs soldats « tunisiens la médaille militaire offerte par la reine Victoria « à tous ceux qui ont participé à cette glorieuse expédition « (de Crimée). » L'auteur n'a pu *voir* que la médaille turque, parce que les soldats tunisiens n'en ont jamais reçu d'autre. La médaille anglaise est énorme, et à l'effigie de la reine; trois bandes d'argent ciselé la maintiennent suspendue à un ruban bleu de ciel; la médaille turque est petite, plate, ornée de la *toghra*, chiffre de Sa Hautesse, et retenue par un anneau à un ruban cerise. On voit combien il est aisé de confondre.

Page 95. « Il (le Musulman) ne voit qu'avec mépris ces pas- « sages d'un culte à un autre... il a trop de sagacité pour ne « pas comprendre que ces conversions ne sont inspirées que « par des considérations humaines, et comme en Orient, plus « encore qu'en Europe, les fautes des pères retombent sur les « enfants, il s'ensuit que les hommes de cette classe (les con- « vertis et leurs descendants), frappés en naissant d'une épi- « thète déshonorante, à moins d'une fortune et d'un mérite « éclatant, ne jouissent que d'une très-mince considération. »

Tout cela est mal fondé. Le plus cordial souhait, la plus haute preuve d'estime qu'un musulman puisse vous donner, c'est de vous dire : « Que Dieu vous convertisse à l'Islamisme. » Et il n'y a là rien que de naturel. C'est le sentiment logique et très-louable de tous ceux qui se croient exclusivement en possession de la vérité : c'est ce même sentiment qui rend sublime, pour nous chrétiens, cette exclamation de Polyeucte demandant à Dieu la conversion de Pauline :

« Seigneur, de vos bontés il faut que je l'obtienne.
« Elle a trop de vertus pour n'être pas chrétienne. »

Dans cet état de choses, rien de plus illusoire que la défaveur, l'espèce de stigmate honteux qui s'attacherait, chez les Musulmans, aux convertis à l'Islam et à leur postérité. Les faits, d'ailleurs, prouvent le contraire, à la cour même du Bey.

Pages 96 et 97. M. de Flaux déclare que Tunis gagne à être connu de ceux qui, d'après des souvenirs de collége, se représentent cette ville comme un nid de forbans et de gens tarés.

Je répudie, pour ma part, et, j'ose le dire, pour toute la génération de lycéens dont j'ai fait partie et à plus forte raison pour les étudiants actuels, la réalité de ces souvenirs scolaires. Je suis convaincu que dans la dernière école communale on est aujourd'hui un peu plus au courant que ne le veut M. de Flaux, de l'histoire et du caractère présents de chaque pays. Si l'on se fait quelques illusions sur l'Afrique, ce n'est pas en mal : elle partage avec l'Orient, de préférence au reste du monde, le bénéfice de cet axiome : *Omne ignotum pro magnifico est.*

L'auteur, ravi d'avoir été agréablement déçu dans son attente, ajoute : « Ils (les habitants de Tunis) valent mieux « au contraire (que les Européens). » C'est poli — pour les Tunisiens. « Réunissez, continue-t-il, réunissez en Europe « une agglorémération de 200,000 individus, dont *un quart* « *étranger, venu on ne sait d'où sans passe-port et sans indi-* « *cation, vivra au jour le jour et couchera hors des murs sous* « *la tente, et qui tous en masse seront excités au vol et au* « *meurtre par mille chances d'impunité et le voisinage du* « *désert*, et vous verrez si vous pourrez faire deux pas hors de « chez vous, la nuit... A Tunis, dans des conditions pareilles, « on est à peu près en sûreté; *et ce n'est que par sa faute* que « l'on est victime de la brutalité d'un fanatique ou de l'avi- « dité d'un brigand. »

A merveille. Si j'entends bien, cela revient à dire : d'abord, que tous les étrangers, et les Européens en première ligne, sont des chenapans ou à peu près ; — M. de Flaux côtoie ici le terrain brûlant des procès en diffamation ; ensuite, que tous les habitants en masse pourraient impunément leur ressembler ; mais que, cependant, rien de fâcheux n'arrive ; et pourquoi? par la raison, facile à démêler de tout cela, que les trois quarts de la population, c'est-à-dire les indigènes, bien loin de profiter de cette impunité de droit public, empêchent le fameux *quart étranger* lui-même d'en bénéficier. Bien. Mais alors est-ce par précaution que ce *quart étranger* couche hors des murs sous la tente? Non. A deux lieues à la ronde, hors de murs, on ne rencontre d'autre tente que celle de quelque pauvre laboureur ou berger indigène; et quant au désert, si providentiellement voisin, d'après l'auteur, il est, s'il vous plaît, à une petite centaine de lieues en ligne droite.

A l'égard, enfin, de cette conclusion : « et ce n'est que par « sa faute... etc. », les honnêtes gens doivent se le tenir pour dit : désormais, outre la responsabilité de tous les malheurs qui pourront les atteindre, ils encourront le blâme formel de M. de Flaux. En vérité, on n'est pas plus aimable, ni plus encourageant, pour les deux intéressantes classes d'hommes dont l'auteur acquitte d'avance « la brutalité » ou « l'avidité », et dont, par suite, la gratitude devrait à juste titre lui être acquise.

Page 100. « Les Musulmans n'ont jamais connu notre grossier exclusivisme. Les sectateurs de différents cultes vivent « ensemble en bonne intelligence; ils n'ont pas au cœur ces « haines farouches et implacables qui ont si longtemps divisé « la Chrétienté; nos supplices si nombreux et si terribles contre les prétendus hérétiques leur sont inconnus, de même « que ces guerres affreuses qui ont dépeuplé les plus beaux « pays de l'Europe. »

Devant ces affirmations hardies, on se demande, tout d'abord, comment le Mahométisme, muni par son fondateur d'un autre glaive encore que celui de la parole, et posant, dès son origine, au monde cette alternative : la conversion ou la guerre, aurait été moins terrible à la rébellion de ses prosélytes qu'à la résistance de ses ennemis. Par quel mystère, cette religion, prédestinée, s'il en fut, aux sombres prouesses de la théologie armée, en aurait-elle été, cependant, exempte, par le fait ; plus heureuse en cela que le Christianisme lui-même, qui, pourtant, à son origine, ne devait entrevoir l'épée dans son triomphe que comme emblème du sang que ses fils répandraient sans se défendre ?

Mais l'éminent auteur de l'*Histoire du Mahométisme*, l'anglais C. Mills, qui n'est certes pas suspect de partialité pour les Catholiques, ni même pour les Chrétiens en général, va fixer nos idées à ce sujet, en répondant à M. de Flaux :

« Toutes les guerres qui ont désolé le monde chrétien n'ont « pas fait répandre la moitié du sang, ni causé la moitié des « maux que les controverses religieuses et politiques des sectes « mahométanes ; elles n'ont pas porté aussi profonde l'em« preinte d'une implacable aversion ; l'histoire de chaque siècle « de l'Hégire est féconde en détails horribles. » (1).

Il n'en pouvait être autrement. Dégageons maintenant la question de toute idée de parallèle et de rivalité entre deux croyances. Un fait incontestable, c'est que les annales de tous les cultes sont plus ou moins remplies de dissensions, de discordes sanglantes. Faut-il donc, comme les philosophes du XVIIIme siècle, en acccuser seulement les religions, et, par suite, les proscrire toutes ? Non ; car cela tient aussi à la barbarie des époques, mais, par-dessus tout, à la nature humaine.

(1) C. Mills, Histoire du Mahométisme, traduction de Germain Buisson.

En principe, la vérité est, de soi, exclusive intolérante, et porte avec elle un droit absolu de régner. Eh ! bien, n'est-ce pas, au fond, ce droit que revendiquent ceux qui la possèdent ou qui pensent la posséder, en général ; et surtout les adeptes d'une religion positive qui la croient tenir de Dieu même ? Dans leur invincible égoïsme, exaspéré par la contradiction, ils ne se souviennent plus que cette vérité, dont ils se constituent les soldats farouches, ne tire sa force et sa victoire que d'elle-même, et ils la défendent par la violence, raison de ceux qui n'en ont pas. Voilà, ce semble, le mot bien simple des abominations qui débordent de toutes les disputes, de toutes les antinomies sociales ou religieuses.

La philosophie de l'histoire, digne de ce nom, déplore, sans doute, ce déchaînement insensé des passions autour d'une idée sainte ou utile ; mais elle doit aussi chercher à tenir compte de l'intention, réfléchie ou instinctive, des plus forcenés eux-mêmes, de servir, malgré tout, la vérité, de combattre et de mourir pour elle. Certitude ou illusion, il y a bien, là, quelque chose d'élevé, de généreux, en dépit des moyens, que la fin ne justifie certes jamais. En avançant en âge, le genre humain éprouve pour la vérité, douloureusement poursuivie depuis soixante siècles déjà, un amour moins emporté et moins terrible. L'Évangile, quoiqu'on dise ou fasse, rayonne plus que jamais son ineffable mansuétude, à travers les tempêtes du passé et les nuages du présent, sur l'horizon de l'avenir. Hommes de foi ou de pensée, divisés de croyances ou d'opinions, nous sommes tous d'accord, avec Saint-Paul, en proclamant, toujours et partout, la charité souveraine ; et quant à cette Vérité, à qui nos pères ont fait tant d'épouvantables immolations, nous méditons gravement sur les insondables abîmes, sur les perspectives infinies qu'elle déploie devant notre pensée ; et nous frémissons à l'idée de la servir désormais par nos chétives fureurs d'un jour, en nous disant qu'elle doit être, comme Dieu, patiente et miséricordieuse, puisque, comme lui, elle est éternelle !

Signalons (p. 101) (1) un rapprochement plus fantaisiste et jovial qu'exact et sérieux entre les santons musulmans et les pères de la mission de Tunis, et notons (p. 107) cette nouvelle que nous donne l'auteur :

« L'homme pieux qui l'accomplit (le pélérinage de la Mecque) « *sept* fois, reçoit le surnom de hadj.... et a le droit de porter « le *turban vert* signe d'honneur et de distinction. »

Or *un seul* pélérinage suffit pour obtenir avec le titre de hadj, le droit de porter, non pas le turban *vert*, mais le turban *rouge*. Le turban vert est affecté aux *chorfa* (pluriel de *chérif*, noble), descendants de Mahomet par sa fille Fathma-Zohra, mariée à Sid-Ali-Abi Thaleb, oncle du prophète.

Pages 117 et 118. « Après le coucher du soleil un indigène « n'a plus le droit de franchir le seuil de sa maison. » Pas du tout ; il a seulement l'habitude de ne pas user de ce droit.

« On appelle *Kif*, une sorte de tabac à fumer ; on a donné « par corruption (l'auteur a voulu dire par extension) à ces « fêtes nocturnes le nom de l'objet qui y joue le principal « rôle... » Le mot *Kif* (mieux *Kief*), turc d'origine, signifie

(1) M. de Flaux cite en note, au bas de cette même page 101, les paroles que prononce le *muezzin* (lisez *mouedd'én*) du haut des minarets ; mais il n'a fait que transcrire la traduction de M. Ubicini, qui n'est pas très-exacte. Voici le calque rigoureux du texte arabe : *Allahou akbar* (Dieu est le plus grand : Dieu seul est grand) ! *Achéhédou lé ilé ill'Allahou* (j'atteste qu'il n'y a de Dieu que Dieu seul) ! *ou séidna Mouhammed ra çoul Allahi* (et que notre seigneur Mohammed est l'envoyé de Dieu) ! *Ayya lel salét, âyya lel félét*, (Allons ! à la prière ; allons ! au salut) ! etc. — Puis on répète : *Allahou akbar*, etc.

réjouissance ; et, par conséquent, il s'applique directement à toute réunion joyeuse ; ce n'est que subsidiairement et par extension qu'on l'a appliqué au tabac, contrairement à ce que dit M. de Flaux.

Pages 119 et 120... « Un parti qui travaille à la régénération « du peuple et cherche courageusement à faire cesser des abus « que le Coran ne *tolère* pas (?), mais qu'il n'a pas assez sévè- « rement condamnés... » C'est évidemment un *lapsus calami* : M. de Flaux a voulu dire *tolère* ou bien *ne prescrit pas* : il s'agit de la polygamie. Suivent quelques lignes sur la probabilité de la disparition graduelle de cet « abus ». Je souhaiterais que l'auteur ne fût pas déçu dans l'espoir que « dans un siècle « il n'y aura plus chez les Musulmans que des mariages mono- « games. » Il se fonde sur ce que l'exemple part de haut ; c'est vrai, et il faut rendre hommage à ceux qui osent le donner. Mais il y a un exemple plus haut encore et plus efficace aux yeux des Musulmans en général : c'est celui de Mahomet lui-même, qui était, sans restriction, polygame. C'est pourtant Mahomet aussi qui a prononcé cette parole admirable : « L'homme gagne le Paradis aux genoux de sa mère. » On ne saurait comprendre et tracer mieux la mission de la femme ici-bas, qui est d'élever l'homme et par suite la société. Quand l'Islamisme réfléchira sur cette parole si simple et si profonde, dont la conséquence est que, pour sauvegarder la dignité de la mère, il faut garantir celle de l'épouse, c'est alors seulement que la polygamie sera menacée.

Page 121. « Toutes les sociétés, à l'origine, ont été polyga- « mes. » Je serais curieux de connaître les données scientifiques sur lesquelles s'appuie cette affirmation si absolue. Il me semblait, cependant, avoir lu que ni les Germains, ni les Barbares leurs frères, ni les Gaulois, ni les Romains n'avaient été polygames. Si M. de Flaux me renvoie à l'école, je n'y retournerai pas seul.

Ibid. « Si les Musulmans n'étaient pas décidés à le faire (ce « que la civilation exige), il faudrait les chasser des magnifi- « ques pays qu'ils habitent et les refouler dans les steppes « de l'Asie ou dans les sables de l'Afrique. Mais ils ont vu « notre civilisation ; ils en sont avides et jaloux ; ils savent « qu'ils ne la posséderont que lorsqu'ils en seront dignes. « Aussi ne reculeront-ils devant aucun effort pour arriver à ce « but. »

Refouler dans les steppes et les sables, c'est bientôt dit. Le moyen est trop radical pour être pratiqué à l'égard de 120 millions d'hommes. Cherchez donc autre chose, car, je vous en réponds, les Musulmans ne sont pas aussi avides que vous le dites de notre civilisation ; en prenant ce mot dans le sens élevé, car l'adoption de quelques minimes progrès matériels ne prouve rien.

La raison en est simple. L'émulation est un désir d'égalité devant une supériorité que l'on reconnaît. Or, le dernier des Musulmans se croit au-dessus des premiers d'entre nous, de toute la hauteur qui sépare l'Islamisme des autres religions, plus ou moins entachées, selon lui, d'idolâtrie et de mauvaise foi envers le Prophète et son livre. Le spectacle de notre civilisation, ou bien lui fait pitié, en le confirmant dans la pensée que nous sommes exclusivement aptes aux choses périssables et vaines de ce monde, tandis que les *mouminyne* (les croyants) ne se préoccupent que de celles du ciel ; ou bien, l'irrite profondément par le contraste injurieux qu'il lui offre pour son propre pays. Les Européens et, je le dit à regret, les Français surtout, se font une illusion déplorable en se persuadant, et en imprimant, que la civilisation, telle qu'ils la comprennent, marche à grands pas parmi les Musulmans. Ceux-ci prétendent n'avoir que faire de nos leçons, et, à leurs yeux, c'est, en principe, une insolence de notre part de les leur offrir ; sans parler, bien entendu, de la façon puérilement cavalière dont nous le faisons d'habitude. Impassibles et hautains en face de nos prétentions, ils dédaignent jusqu'à nos menaces, dont ils sont prêts à subir les effets, en s'inclinant devant Dieu qui les éprouve, mais qui pourrait, s'il le voulait, et qui le voudra peut-être, rétablir tout-à-coup, sur nos débris, l'antique puissance de l'Islam. Si, parfois, le récit de notre prospérité, de nos merveilles scientifiques et industrielles, vous paraît faire impression sur eux, détrompez-vous : ils ne tarderont pas à se dire mentalement ou à s'écrier, dans un mouvement d'orgueil qui, certes, a sa grandeur : ce que les infidèles n'ont pas encore trouvé, ce qu'ils ne posséderont jamais, ce que les vrais croyants seuls ont inventé, c'est de proclamer, jusqu'au dernier jour, du haut de tous les minarets du monde : que Dieu seul est Dieu et que Mahomet est son prophète !

Quel incurable fanatisme ! direz-vous. Mon Dieu, il en est un peu du fanatisme comme de la vanité : il nous indignerait moins chez autrui, s'il ne froissait le nôtre. Qu'on essaie donc de venir un peu nous parler, à nous, de la nécessité d'adopter la civilisation musulmane !

Les libres penseurs eux-mêmes déchireraient leurs vêtements. Oui, mais aussi, notre civilisation, c'est autre chose ! Parbleu, c'est ce que chacun dit ; et, faute d'admettre le fait d'un idéal différemment compris, quoique identique au fond, et dont il importe avant tout de tenir compte, on se renvoie, éternellement et sans profit, les uns les autres, les noms d'intolérants, de fanatiques, de barbares ; en confirmant, au besoin, ces aménités à coups de sabre ou de canon.

Mais il n'y a donc rien à faire avec ces gens-là ? conclueréz-vous. Si fait, et bien des choses. D'abord, comme pour tout adversaire avec qui l'on tient à s'entendre, il faut renoncer, dans nos relations avec eux, à toute jactance de supériorité méprisante ; leur en laisser au besoin le monopole, comme celui des avances cérémonieuses et hypocrites ; être simple et digne dans son attitude et dans son langage ; éviter de brusquer de front leurs convictions et de scandaliser l'austérité souvent affectée de leur conscience par les facilités hardies de la nôtre ; quand les discussions viennent à s'établir, les borner ou les ramener habilement dans le cercle des croyances et des opinions qui nous sont communes : c'est sur ce terrain plus large qu'on ne pense, que l'on peut montrer et faire sentir ses avantages : la supériorité d'une religion ou d'un système retentit jusque sous les plus humbles formes de la pensée, dans un entretien sérieux. En un mot, tout consiste à se faire peu à peu connaître et estimer, sans aucune préoccupation maladroite de commencer l'œuvre par où elle doit se terminer un jour.

D'ailleurs, n'y a-t-il pas dans le monde musulman lui-même, une transition toute préparée pour une communion avec nous de pensées et de sentiments, en ces nombreux individus de race japétique, musulmans par la croyance, européens par l'esprit, infiniment plus accessibles que les Sémites, dont le tour viendra plus tard, à l'idée d'un rapprochement, auquel ils travaillent à leur escient, ou même sans le savoir ? La concorde, sinon la fusion, des races et des croyances ne peut ni s'improviser, ni s'accélérer de parti pris. Il suffit de sentir que le mouvement est commencé dans cette direction ; ce qui est incontestable ; et d'y prendre part de toutes nos forces, de tout notre cœur. Les Musulmans, si réfractaires soient-ils, ne peuvent, pas plus que les autres, se soustraire à ce travail de restauration de l'antique fraternité primitive ; travail dont l'achèvement, but lointain et glorieux de l'avenir, couronnera, s'il plaît à Dieu, la vie de l'humanité.

Page 125. Je m'associe sans hésiter à M. de Flaux en reconnaissant que l'Islamisme a rendu relativement service à l'humanité en arrachant des populations entières à l'idolâtrie et aux sacrifices humains. Quant au prix de la vie d'un homme que l'Islamisme aurait relevé, certainement Mahomet était trop sage et trop doux pour en faire bon marché en général et nul n'ignore qu'il a aboli parmi les tribus arabes plus d'un usage cruel; mais pourquoi faut-il aussi que cette humanité du prophète reçoive un si rude démenti dans ce féroce précepte du Koran, concernant, il est vrai, les infidèles, mais enfin des hommes : « Tuez-les partout où vous les trouverez. » (1).

Pour ce qui est de souhaiter aux Musulmans un protestantisme, comme celui qui a si déplorablement déchiré au XVIe siècle la robe sans couture de notre Eglise, que M. de Flaux se réjouisse; les Wahabites ont depuis longtemps réalisé son vœu; le Mahométisme y gagnera-t-il ce que rêve l'auteur? Pour ma part, je me permets d'en douter.

CHAPITRES XVII A XXIV.

Après une description assez fidèle du système gouvernemental tunisien, M. de Flaux parle de la fameuse constitution, aujourd'hui suspendue ou, plutôt, abrogée de fait. C'est une erreur de croire avec l'auteur que cette constitution ait été créée de toutes pièces en 1861. Déjà, en 1857, à la suite de l'exécution du juif Bâtou, d'après les conseils des plus intelligents fonctionnaires du pays, et sur la demande de M. Léon Roches, appuyée par l'amiral Tréhouart et les divers consuls

(1) Koran. Sourate II, v. 187.

européens, le Bey Mohammed avait octroyé un *pacte fondamental,* sorte de programme de la constitution, laquelle rédigée de 1857 à 1861, a été solennellement promulguée à cette époque par le Bey régnant Mohammed-Essadek. Ce qui touche aux impressions diverses qu'elle produisit est à peu près exact. Je voudrais pouvoir en dire autant du récit de l'insurrection de 1864 ; mais il est trop vague : on voit que l'auteur a écrit d'après des renseignements insuffisants et confus. C'est pourtant à ce sujet, ou jamais, qu'il aurait fallu quelque chose de net, de clair et de ferme ; car l'Europe en est encore à se demander si, à force d'écarquiller les yeux, elle a vu autre chose que les brouillards assemblés par la plupart des journaux à l'endroit du mouvement insurrectionnel tunisien de l'an dernier.

Le Chapitre XVII se termine par une comparaison, qui ne résiste pas à l'examen de l'histoire, entre la marche adoptée par les rois de France pour dégager des complications féodales l'autorité souveraine, et celle que les Beys ont suivie pour arriver à l'indépendance, par la ruine des prétoriens turks.

M. de Flaux consacre deux chapitres (XVIII et XXIX) à S. A. le Bey, à ses Ministres, au Bey du Camp héritier du trône et à la collection d'impôt dans la Régence : ce devraient être les deux plus graves chapitres du livre ; il n'en est malheureusement rien. L'auteur, optimiste de parti pris, décerne aux personnes de ces éloges dont la banalité et l'exagération froissent le bon goût, à défaut de tout autre sentiment, dans un lecteur désintéressé. Quant aux choses, on voit un incontestable effort pour les présenter sous un aspect favorable ; mais hélas ! que de naïvetés viennent trahir tout-à-coup la trop complaisante intention de l'auteur !

Ni pour les personnes ni pour les choses je ne discuterai ici les jugements de M. de Flaux ; je me contenterai d'appeler l'attention sur quelques points seulement.

Page 144. M. de Flaux fait grand bruit de l'émotion extraordinaire produite au Bardo par les préjugés religieux à l'arrivée du portrait de l'empereur Napoléon III, que S. A. le Bey a eu, dit-il, toutes les peines du monde à faire placer dans le salon d'honneur de son palais. On dirait par conséquent qu'il y avait là quelque chose de nouveau et d'inouï pour la cour du Bardo. Or, dès le règne d'Ahmed Bey, en 1846, les portraits de ce prince lui-même, du roi Louis-Philippe, en magnifique tapisserie des Gobelins, de Napoléon Ier et de divers autres souverains, décorent les murs de ce même salon d'honneur dont il s'agit, où ils ont été conservés même sous le règne du Bey Mohammed, successeur d'Ahmed, qui avait des velléités iconoclastes.

Ibid. Afin de rehausser le courage qu'il faut pour tenter la moindre réforme en Tunisie, « pays de routine et de pré« jugés », l'auteur va jusqu'à déclarer que « le Koran est le seul « livre qu'il soit permis de lire... » Cela donne, en vérité, une idée assez médiocre de la manière dont M. de Flaux était préparé à remplir sa mission dans les bibliothèques de Tunis. Comment est-il possible, si peu versé que l'on soit dans les lettres orientales, d'ignorer que la littérature arabe est peut-être la plus vaste du monde, et que, par suite, les ouvrages qu'il est permis de lire sont innombrables ?

Page 147. L'auteur dit, en parlant du général Khaïreddine, dont, heureusement, l'éloge n'est pas une pure flatterie, « qu'a« près *trois mois* de séjour à Paris, il a appris à parler français « comme un Parisien. » Du mois de décembre 1853 au printemps de 1857, cela fait *trois mois*, à votre compte, Monsieur? Eh bien ! je souhaite que Dieu vous mesure la vie en calculant les mois comme vous le faites ici.

Page 154. « Le gouvernement est obligé pour vivre d'avoir « recours à des emprunts, et les fortunes privées surgissent de « tous côtés... N'est-ce pas là la preuve *la plus certaine* « d'une habile et honnête administration ? » Je ne vois vraiment ni la logique ni l'habileté d'un pareil raisonnement.

Deux feuillets plus loin (page 158), vous vous oubliez encore, Monsieur, jusqu'à donner des détails fort peu édifiants sur la manière dont il est procédé à la collection des impôts :

« Plus le cortége (du prince héritier) est grand, plus les « charges sont lourdes, attendu qu'il est d'usage que les tribus « fassent des cadeaux à la suite du prince... Les frais de route « sont si considérables, et les gens du bey si rapaces, qu'il « n'entre guère au trésor que le tiers des sommes perçues.... « Il faut souvent faire le coup de feu avec les tribus, qui ne « livrent leur or que devant la force... »

Page 162. « Malgré ce luxe d'impôts le gouvernement est « pauvre et a été contraint de recourir à des emprunts... C'est « que l'argent perçu est gaspillé et qu'on ne songe jamais aux « recettes avant de faire des dépenses..... »

Et page 163, vous répétez à la fin d'une tirade destinée à prouver que « ces abus tendent à disparaître, » que « *tous le gaspillent* » (l'argent)....

Où en sommes nous, Monsieur? et que deviennent, je vous prie, votre « honnête et habile administration » de la page 154, votre « sage et habile (*bis repetita*) administration » de la page 162 ; votre thèse optimiste, enfin, qui se borne à de vagues affirmations louangeuses, et à l'appui de laquelle vous n'alléguez que des « preuves certaines » assez singulières ?

Fort de votre tendance générale, vous n'avez nul souci des incohérences qui précèdent, et vous n'hésitez pas à conclure :

« Que les idées de liberté et d'égalité *continuent* à prévaloir « dans la Régence, et la prévoyance des riches, comme l'acti- « vité des pauvres, s'accroîtra, et ces deux précieuses qualités « contribueront au bien-être des uns et des autres. »

Donc, et en résumé, tout va pour le mieux en Tunisie, et il n'y a qu'à continuer dans la voie actuelle. M. de Flaux l'a dit.

Permettez-moi de vous dire, Monsieur, que vous deviez et vous pouviez vous acquitter mieux du devoir de sauver à la fois les convenances et la vérité. Au lieu d'une phraséologie diffuse où vous noyez dans une teinte générale d'approbation des détails que vous n'avez osé éliminer, et dont vous atténuez de votre mieux la portée, les lecteurs qui vous apprécient, et le public avec eux, s'attendaient à trouver, et auraient certainement préféré quelques pages vraiment historiques par le sérieux des recherches, la gravité des jugements et la fermeté digne du ton.

Il aurait été désirable et utile que dans un livre aussi considérable que le vôtre vous vous fussiez plus résolûment écarté que vous ne l'avez fait, de l'ornière où depuis quelques années ne se font pas scrupule de descendre, l'encensoir à la main, un certain nombre de publicistes d'occasion, auxquels la convoitise du ruban vert et rouge, ou celle de faveurs plus effectives de la part de la Cour du Bey, cause, à un moment donné, des transports de lyrisme, mal contenus dans les limites étroites d'une colonne de journal ou d'un diminutif de brochure.

Puisque nous parlons ici de ces panégyristes... avisés et de leurs rapsodies, nous oserons le dire hautement : il est fâcheux, il est déplorable, que les princes et les dignitaires de l'Orient et de l'Afrique aient compté et comptent encore sur de pareils moyens pour se faire un nom dans le monde civilisé. Si mon humble voix pouvait jamais arriver jusqu'à eux, je voudrais leur dire à tous, et il en est qu'il me comprendraient: Il y a quelque chose de plus honteux, de plus redoutable, pour votre réputation et pour votre pays, que les abus dont vous convenez et que vous cherchez à combattre: ce sont les flatteries outrées, les adulations, que vous agréez, que vous encouragez ou que vous tolérez dans la presse européenne. Il se peut que vous sachiez ce qu'elles valent et que vous ne les acceptiez que comme un expédient nécessaire. Méfiez-vous. Ou le public sait à son tour à quoi s'en tenir à leur sujet, et alors elles compromettent votre caractère, la dignité et le crédit moral de votre gouvernement; ou bien on les regarde comme des exagérations sincères, justifiées au fond, et alors elles agrandissent, devant l'Occident qui vous observe et qui espère en vous, votre responsabilité et vos devoirs, jusqu'à vous accabler du poids de l'avenir!

Ah! tous les puissants du monde, et surtout ceux des pays à régénérer, devraient prendre pour devise, et pour sauvegarde contre les courtisans de langue et de plume, ces mémorables paroles de Louis XIV mourant à son petit-fils:

« Aimez ceux qui, pour le bien, hasarderont de vous dé-
« plaire: ce sont là vos véritables amis. »

Le chapitre XX, sur l'*agriculture*, renferme des observations justes, des détails intéressants sur le labourage, sur le système de culture des oliviers, des légumes, etc. On voit que sur cette matière M. de Flaux ne manque pas de compétence. —

Mais il faut bien dire que le blé et l'orge, cultivés, d'après lui, sur une vaste échelle, ne le sont que sur une infime partie des terres cultivables. Il est fâcheux aussi qu'un chapitre, relativement excellent, se termine par les exagérations suivantes:

Page 170. « Dans ces climats salubres et sur ces champs

« fertiles, les hommes sont grands et vigoureux, et tous les ani-
« maux participent aux avantages physiques que Dieu a donnés
« à leurs dominateurs.... Les bœufs y sont aussi grands et
« aussi forts que dans notre grasse Normandie ; les moutons
« d'une taille gigantesque, et décorés d'une queue pesant jus-
« qu'à vingt livres.

« J'ai vu pêcher des thons vraiment monstrueux....

« ... Les radis sont aussi gros que nos carottes ; les carottes,
« que nos betteraves; les aubergines, que nos potirons.... C'est
« à se croire dans la terre de Chanaan. »

Il n'est pas besoin d'un long séjour en Tunisie pour s'assurer que la race bovine y est chétive et en pleine dégénérescence ; que la race ovine n'a rien de gigantesque ; que la queue des moutons, quoique énorme, n'atteint guère le poids formidable indiqué ; que les thons n'y sont pas plus monstrueux que dans les autres pêcheries de la Méditerranée.

Quant aux aubergines luttant de volume avec les potirons, cela dépasse toutes les limites de l'hyperbole.

Il n'y a que la grosseur des carottes qui résiste à l'examen : on en tire en effet d'énormes de tous les points de la Tunisie, et surtout du territoire du Bardo.

Les chapitres XXI et XXII, consacrés à *l'Armée* et à *la Justice*, seraient les meilleurs du livre si l'on faisait abstraction de certains passages. Pour l'armée, M. de Flaux n'est pas absolument optimiste : il photographie à la hâte. Mais il *charge* évidemment en nous disant qu'il a vu des européens prendre à coups de pieds une patrouille, sans recevoir la moindre observation. Ni les Européens n'ont tant d'insolence, ni les soldats tunisiens tant de pusillanimité. Les détails sur la justice sont en général exacts ; il y a quelques légères erreurs sur les divers modes d'exécution : par exemple, lorsque l'auteur prétend que

« les étrangers sont pendus » ; il sait bien, et il l'a dit autre part, que les étrangers ne relèvent pas de la justice indigène. Il préconise trop, du reste, les avantages du système remis en vigueur à Tunis, et par lequel le souverain est tenu de connaître de toutes les causes, depuis celles qui relèvent du juge de paix jusqu'à celles du ressort des assises. Avec la meilleure volonté et la plus grande compétence du monde, il est impossible de remplir dans toute leur étendue les devoirs multiples, immenses qu'entraînent ces fonctions de juge universel.

Au chapitre du *Bardo* (XXIII), M. de Flaux désigne vaguement par « têtes de bêtes sauvages » les lions de marbre parfaitement distincts, quoique assez grossiers, qui décorent l'escalier d'honneur du palais et il attribue gratuitement des chapiteaux byzantins aux colonnes du péristyle. Après une digression, assez piquante, sur le sérail du feu Bey Mohammed, M. de Flaux, à propos de l'instabilité de la faveur en Orient, dit ceci : « Je suis convaincu de la vérité de la légende qui montre « Bélisaire demandant l'aumône dans les rues de Constanti-« nople... ». Vérité philosophique, soit; historique, non. Nul n'ignore aujourd'hui que le savant Muratori dans ses *Annales d'Italie* a rétabli, au sujet de Bélisaire, les faits défigurés jusqu'à lui par tous les chroniqueurs, échos serviles du grec Tzetzès. C'est, en effet, celui-ci qui, le premier, a imaginé dans ses *Chiliades* la fable de la disgrâce du général byzantin et mis en vogue le mot fameux : « une obole à Bélisaire ». Voici la vérité. Après son retour de Perse, où il échoua, Bélisaire fut destitué du commandement des légions; mais, bientôt, renvoyé en Italie. Revenu, quatre ans après, à Constantinople, il y jouit paisiblement pendant quinze ans de ses immenses richesses. Enveloppé en 563 dans une conspiration, il fut, de nouveau, dépouillé de ses dignités, mais non de sa fortune. Justifié, il rentra en grâce. Il mourut tranquillement, dans l'opulence, quelques mois avant Justinien, qui se constitua, de son chef, son légataire universel.

Pages 192 et 193. M. de Flaux *a vu* — que n'a-t-il vu? —, au milieu d'un bosquet d'orangers, un palais bâti dans « le pur style byzantin. » Je soupçonne l'auteur d'être un peu rouillé en fait de rudiments d'archéologie artistique. Je lui conteste aussi que l'usage veuille que le premier médecin du Bey « soit toujours chrétien » : aujourd'hui, et depuis vingt ans, c'est un Israélite (1). On peut réclamer également contre cette assertion: « Les bêtes, si nombreuses à Tunis, y (au Bardo) sont très-« rares ». Il y en a sans doute beaucoup à Tunis, mais, en proportion, bien davantage au Bardo ; et cela se comprend : c'est là qu'affluent tous les employés et, par suite, presque toutes les voitures de la ville.

Ce chapitre se termine par le récit d'une entrevue de l'auteur avec *Namyn* (sic) - Bey (2), l'un des princes du sang. L'auteur lui reconnaît une foule de qualités (je le crois bien : il a été, dit-il, comblé d'embrassades par cette Altesse *in spe*) ; mais il finit par déclarer carrément que Sidi *Namyn* mène « une vie « abrutissante ».

Trois chapitres (XXIV, XXV, XXVI. Pages 197 à 242.)

(1) M. Le Baron Dr. A. Lumbroso, qui a, il est vrai, pour collègue un catholique, M. le Commandeur Dr. N. Vignale.

(2) Au lieu de *Namyn* lisez *El-Lamine*. En maint endroit de son ouvrage, M. de Flaux estropie ou écorche sans façon les noms propres ou autres. Exemples : *bach-bab-ouad*, plusieurs fois répété, et qui littéralement signifierait *maîtresse porte du fleuve*, au lieu de *bach-baouèbe*, chef des portiers; *zaoughan* (nom propre de ville), au lieu de *zaghouâne*, erreur calquée sur Pellissier ; *babi-el-ewel* (nom de mois), au lieu de *rabi-al-aouel*, etc., etc.. Vétilles que tout cela ! nous dira-t-on : permettez ; l'auteur n'a fait son errata que d'une ligne et, en sa qualité d'explorateur désigné des bibliothèques de Tunis, c'est bien le moins qu'il ait quelque teinture d'Arabe.

sont consacrés à l' « Abrégé Chronologique » des Deys (turks) de Tunis, et à l' « Histoire Abrégée » de Tunis : 1°, de 1705 (Housséine-Ben-Aaly, chef de la dynastie actuelle) jusqu'à 1814 (Othmâne-Bey) ; 2°, de 1814 à 1859 (règnes de Mahmoude, de Housséine, de Moustapha, de Ahmed, de Mouhammed et de Mouhammed Es-Sadek). Ces deux abrégés, compulsés en partie dans A. Rousseau et J. J. Marcel, ne renferment rien de nouveau ni de bien intéressant et offrent tour-à-tour des parties écourtées ou prolixes. Je ne m'arrêterai qu'aux passages suivants :

Pages 198. « Hadj Mouhammed-Laz-Dey permit l'ouverture « d'une chapelle catholique à Tunis ; jusque là, le service ne « s'était fait que dans l'île de Tabarka (1647-1653). »

Or, à la fin du livre de M. de Flaux, je vois que d'après l'article 3 du traité du 20 nov. 1270, signé par Philippe-le-Hardi, et dans un paragraphe du traité passé en 1535 avec Charles-Quint, les Chrétiens avaient toujours conservé des églises ou des chapelles ailleurs qu'à Tabarka. Du reste, celle du Consulat de France, à Tunis, tout au moins n'a jamais cessé d'exister.

Page 214. L'auteur, au commencement d'un panégyrique de Hamouda Bacha, nous renvoie à une note où il blâme Châteaubriand, cet écrivain d'habitude « assez loquace » et « de « tant d'imagination », d'avoir été d'une réserve excessive au sujet du prince tunisien dont nous parlons et « qu'il n'a même « pas vu probablement. »

Comme il est aujourd'hui de mode de déprécier Châteaubriand, qui n'en garde pas moins toute sa grandeur, M. de Flaux a saisi l'occasion de le faire à son tour. Je pense, quant à moi, que les deux ou trois mots employés par l'auteur d'Atála au sujet du Bey Hamouda, valent et en disent autant que la moisson de louanges dont M. de Flaux fait hommage à ce prince.

Quant à la « loquacité » et à « l'imagination », dans le sens de dénigrement où vous employez ces mots, tenez, Monsieur, n'en parlons pas. Vous ne sauriez ignorer que Châteaubriand, dont la gloire est bien à l'épreuve de nos coups d'épingle, n'a certainement pas le monopole des hâbleries, à propos de ce qu'il a vu ou non ; et que, dans la dernière de ses pages, il y a toujours assez de génie et de style pour nous faire tous rentrer dans la poussière, petits écrivailleurs que nous sommes.

Dès le début des « Courses à travers la Régence » (Ch. XXVII), l'auteur se heurte tour-à-tour à diverses pierres d'achoppement :

« La Régence de Tunis, dit-il p. 241, est bornée à « l'*OUEST* par la Méditerranée..., à l'*EST* par l'Algérie. » Or c'est précisément le contraire : on n'a qu'à voir la carte.

Ibid. « — Elle est *sillonnée* au Nord par le *Sahel*, dont *certains* « *plateaux* sont très-élevés, et d'où s'échappe la Medjerda.... »

Le mot *Sahel*, qui, d'ailleurs, signifie rivage, désigne le littoral plus ou moins ondulé de la Tunisie, surtout à *l'Est* (1).

M. de Flaux transforme cela en montagnes afin de placer dans « certains plateaux élevés », qu'il rêve, la source de la Medjerda ; source qui ne se trouve pas en Tunisie, mais dans la province de Constantine.

Page 242. « Badja est une ville très-ancienne bâtie au milieu « du Sahel... »

Il faut s'entendre : s'agit-il de votre Sahel de fantaisie ou du Sahel véritable ?

Page 243. Vous parlez de Bizerte et vous nommez Pline pour nous prouver que l'antiquité vous est familière. Malheureuse-

(1) « La région de l'*Est*, dit Pellissier, se subdivise en deux zônes « parallèles, dont la première, appelée le Sahel, forme le littoral... »

ment, après avoir parlé des environs de Bizerte et de Ras-edj-Djebel, vous ajoutez : « C'est aussi dans ces parages qu'Aga-« thocle débarqua et dressa son camp... »

Encore le blanc pour le noir, l'Ouest pour l'Est. Vous êtes bien brouillé avec vos points cardinaux, Monsieur. Sont-ce les « hauts plateaux » du Sahel qui, « sillonnant » votre horizon, vous empêchent de vous orienter?

Agathocle, selon tous les historiens de Carthage (1), opéra son débarquement, à la vue de la flotte punique arrivée trop tard, sur la côte *Orientale;* et non pas *Occidentale*, du golfe de Tunis. Il fit tirer ses navires à sec au Sud du cap Bon, près des Carrières qui existent toujours (les Latomies de Strabon), à un endroit anciennement appelé Aquilaria : nom bien reconnaissable dans celui d'Al-Laouaria qui l'a remplacé.

Page 247. « C'est près de Testour que s'étend la grande « plaine où Scipion livra bataille à Scyphax et qu'existait « Zama... »

Pour être plus exact, il aurait fallu dire « livra bataille à « l'armée d'Hasdrubal et de Scyphax », car ce dernier avait déjà essuyé isolément une première déroute.

Quant à l'emplacement de Zama, M. de Flaux adopte l'avis de Pellissier, et c'est son droit; mais encore fallait-il en donner la raison. En attendant que ce fameux champ de bataille soit enfin et définitivement fixé par les savants, je me permettrai de faire observer que dans la carte de la Tunisie dressée par Pellissier lui-même, il y a, dans le voisinage du Kef (Sicca Venerea), une localité appelée *Djama*. Si j'ai bonne mémoire, il n'y a eu à Zama même qu'une escarmouche avant la grande

(1) Ne les ayant pas sous la main, nous regrettons de ne pouvoir les citer. Voir note (1) page 52.

bataille qui fut livrée, d'après Tite-Live et Appien, assez loin de Zama, entre *Killa* et *Nagara*. Or, sur cette même carte de Pellissier, je vois dans le voisinage de *Djama* (nom presqu'identique à *Zama*), les deux villages de *Kala* et de *Megraoua*, qui rappellent assez les deux noms précédents pour donner à réfléchir.

Il me semble que ce point important de l'histoire ancienne pourrait être élucidé et mis hors de débat, par une étude attentive de la topographie locale (1) et des récits, un peu vagues, mais faciles à compléter l'un par l'autre, des historiens de Carthage.

Page 249. « Tysdrus où les *deux* Gordiens furent nommés « Empereurs... »

Lesquels *deux* Gordiens? Car il y en a eu trois, sinon quatre.

Est-il bien sûr que Gordien Ier, élu empereur durant son proconsulat de Carthage, n'ait pas été proclamé dans cette ville même, comme, du reste, plusieurs le pensent? Il en serait alors de même de son fils Gordien II, associé immédiatement à son père.

Quant à Gordien III (M. Antoninus Pius), c'est à Rome qu'il reçut la pourpre, à la mort de Pupien et de Balbin.

M. de Flaux attribue à Gordien l'Ancien la construction du magnifique amphithéâtre de Tysdrus (aujourd'hui El Djem).

(1) Plus d'une personne compétente a constaté, en voyageant à l'intérieur de la Tunisie que les diverses cartes de ce pays publiées jusqu'ici ne sont pas d'une rigoureuse exactitude. Il serait fort à souhaiter que le Dépôt de la Guerre songeât à faire contrôler et rectifier, sur les lieux mêmes, la belle carte dressée en 1857 sous la direction du colonel Blondel : elle se trouverait, de la sorte, à la hauteur de toutes celles qu'on lui doit déjà.

Dans tous les cas, cette fondation ne peut se rattacher au règne de Gordien Ier : il n'a duré que six semaines ! mais à son proconsulat, qu'il a gardé jusqu'à l'âge de 80 ans.

C'est l'opinion qui nous paraîtrait aujourd'hui la plus vraisemblable, quoique la longueur relative du règne de Gordien III nous ait fait jadis (1) attribuer à ce César l'amphithéâtre dont il est question.

Chapitres XXVIII et XXIX.

M. de Flaux, avant de nous conduire à Carthage, nous fait en quelques mots l'historique de sa mission à Tunis et nous rappelle qu'avant celle-ci, il venait d'en accomplir une en Scandinavie. C'est, dit-il, à Copenhague, tandis qu'il parcourait, à la Bibliothèque royale, les manuscrits de Rask et de Niebuhr, qu'il résolut de faire son voyage en Afrique. Chose curieuse ! c'est précisément à Copenhague aussi, à l'*Athenæum* de la rue Ostergade, que le livre de M. de Flaux me vint pour la première fois entre les mains.

De Copenhague M. de Flaux nous ramène sur la route de Carthage ; et, entrant en matière, il nous apprend, page 261, que « Tunis.... en est éloignée de huit à dix kilomètres à « l'*Est, du côté de la mer.* »

Ce qui est encore un renversement de boussole. Carthage, en effet, est au *Nord-Est* de Tunis, du côté du Golfe : il en résulte que Tunis, par rapport à Carthage, est au *Sud-Ouest, du côté de l'intérieur des terres.*

Page 262. Nous sommes à la chapelle Saint-Louis de Carthage, et M. de Flaux nous déclare, d'abord, que : « quelques « mots seulement de la chronique de Joinville, ont fait croire

(1) Dans le *Monde illustré* du 22 janvier 1859.

« que le saint roi était mort devant le chastel de Carthage, « tandis qu'il est à peu près certain que c'est à Soussah. »

Bon : voilà donc une tradition apocryphe qui a coûté à la France près d'un demi-million de francs pour l'édification d'une chapelle qui n'a pas sa raison d'être. Nous nous permettrons d'abord de demander à M. de Flaux pourquoi son « à peu près « certain » n'est étayé d'aucune preuve, d'aucune indication capable de l'autoriser à contredire aussi hardiment qu'il le fait la tradition et l'histoire. N'y aurait-il, du reste, que la simple affirmation de Joinville, elle devrait subsister jusqu'à ce qu'elle fût évidemment convaincue d'erreur.

Cela posé, et avant d'entrer dans la discussion même, complétons les « quelques mots », car M. de Flaux ne les a pas tous cités :

« Quant il (Louis IX) fut à *Tunes, devant le chastel de « Cartaige*.... (1) »

L'affirmation du bon sénéchal est, comme on le voit, double, au lieu d'être simple.

Mais Joinville est, du reste, en assez bonne compagnie ; et M. de Flaux s'est vraiment bien adressé.

Comme il est parfaitement établi que Saint-Louis n'a jamais eu, en Afrique, qu'un seul quartier général, il sera prouvé qu'il est bien mort à Carthage, si ce quartier général n'a pas été ailleurs.

(1) Nous ne pouvons, à notre grand regret, préciser la place des extraits d'historiens que nous reproduisons ici, parce qu'à Tunis, nous sommes réduit pour ces citations comme pour la plupart de celles de cet opuscule à nos souvenirs ou à quelques rapides notes de lectures prises dans le temps à Paris, sans aucune idée de travail ultérieur. Il y a, cependant, une chose que nous garantissons, c'est l'exactitude générale et essentielle, sinon toujours minutieuse des textes. Non seulement nous ne craignons pas, mais nous désirons le contrôle du lecteur.

Nous allons essayer de le faire et il sera aussi démontré par là que M. de Flaux a eu raison de se conformer par deux fois, ainsi que nous l'avons indiqué plus haut (page 19), à l'opinion universelle au sujet de la mort de Saint-Louis, et qu'il a eu tort de contredire tout-à-coup, dans ce chapitre 28, cette opinion et son propre témoignage.

Guillaume de Nangis va nous renseigner, avant tout, sur l'objet et sur le but de l'expédition de Louis IX ! « On donnoit, « dit-il, à entendre au Roy que la terre de Thunes soûlait venir « en grande ayde au sultan du Caire..... et croyoient les barons « si cette mauvaise racine, la cité de Thunes, estoit extirpée, « que grand proufit en viendroit à la chrestienté. »

Ce qui, tout d'abord, établit que de Cagliari, première halte de la flotte de Saint-Louis, on cingla droit sur Tunis, et que, par suite, on ne put débarquer que sur la rive de Carthage. On ne voit pas bien pourquoi Saint-Louis aurait obliqué vers la Sicile, doublé le cap Bon, traversé le canal d'Afrique, longé la côte Est et débarqué à Soussa, pour se trouver ainsi en définitive après ce long voyage à 35 grandes lieues encore du véritable but ; et quand, ces 35 lieues, il se serait agi de les faire en pays ennemi.

Mais il est de fait, d'ailleurs que le quartier général fut bien établi à Carthage.

Il est à regretter que M. de Flaux n'ait pas rempli la première partie de sa mission concernant les bibliothèques de Tunis. Il aurait pu, sans doute, en compulsant les historiens arabes, contrôler et voir confirmer de tout point le témoignage de Joinville.

A défaut, il ne peut ignorer qu'en 1270 il existait une Carthage musulmane, dont le « chastel » ne fut détruit qu'en 1535 par les soldats de Charles le Quint ; et, comme cet empereur, le roi Louis IX dut attaquer et emporter avant tout ce point stratégique qui couvrait Tunis, et où il débarqua tout d'abord.

Le confesseur de la reine Marguerite nous dit, en effet : « La « deuxième fois qu'il (Louis IX) passa la mer, c'est à sçavoir « quand il alla à Thunes.... Comme le sainct Roy fut descendu « à terre près de Thunes...»

Et Giovanni Villani : « E volendo la detta oste (di S. Luigi) « andare alla città di Tunisi... » et puis, parlant de la peste du camp : « E per questa corruzione similmente la città di Tu-« nisi ricevette grandissimo danno... »

Le même Giovanni Villani, après avoir parlé des ravages de cette peste et de la mort de Saint-Louis au milieu de son camp, continue ainsi :

« E sentendo sua morte l'oste sua fue molto turbata... ma « in questo dolore fù fatto Filippo, suo figliuolo, Re di Fran-« cia ; e lo Re Carlo (d'Angiò) fratello del detto Re (Lodovico) « il quale egli, vivendo, aveva mandato per lui, venne di « Cicilia ed *arrivoe a Cartagine*, con navilio grande e con « molta gente e rinfrescamento, onde l'oste dé Cristiani prese « vigore, e i Saraceni paura... »

La proximité du camp de Saint-Louis et de la ville de Tunis, ressort aussi de ces paroles que Guillaume de Nangis met dans la bouche de Saint-Louis mourant :

« Pour Dieu ! étudions comment la foi chrétienne pourroit « estre prêchée à Thunes... et nommoit alors, » continue-t-il, « un frère prescheur qui autrefois y avoit esté et estoit moult « cognu du roy de Thunes.»

Je ne sache pas, ensuite, que l'on ait mis sérieusement en doute la proclamation du roi Philippe III, le 25 août 1270, jour même de la mort de son père, dans son camp « emprès

Thunes », ni l'authenticité de la bataille livrée entre Carthage et Tunis après l'arrivée de Charles d'Anjou, et à la suite de laquelle on parlementa pour la paix.

Enfin, pour peu que M. de Flaux soit paléographe, et il doit l'être, en sa qualité de missionnaire de la science, il ne peut ignorer que l'illustre orientaliste italien, M. Amari, dans son ouvrage des « Guerres des Vêpres siciliennes » parle de deux chartes de Charles d'Anjou, existant aux archives de Naples et constatant qu'avant la signature du traité du 20 novembre 1270, le roi de Sicile, c'est-à-dire le quartier général des Croisés, se trouvait bien près de Carthage : « in castris, « prope Carthaginem. »

Tout ce qui précède suffit, ce me semble, pour dissiper les doutes que les assertions intrépides de M. de Flaux auraient pu jeter dans l'esprit de ses lecteurs.

C'est à bon droit que la chapelle de Saint-Louis a été érigée à l'endroit même où il vint camper et mourir.

C'est à juste titre aussi que le voyageur persistera toujours à évoquer, dans la solitude où Carthage a disparu, un souvenir qui s'élève, pour le dominer, du retentissement des plus grands et des plus saints noms du monde, sur cette terre illustrée par l'antiquité et consacrée par l'Église primitive : le souvenir de cet homme qui fut, sans effort, naturellement, sublime, comme roi et comme chrétien ; inaccessible dans sa grandeur à l'ironie même de Voltaire, dont il obtient cet incomparable hommage : « il n'est pas donné à l'homme de pousser plus loin la vertu. »

Page 263. M. de Flaux nous donne la description de la chapelle Saint-Louis. Il y a vu des « tableaux ridicules » qui n'ont jamais existé ; des « ornements grossiers et de mauvais goût » sur un autel dont toute l'ornementation consiste dans d'exquises ciselures arabes ; une « chétive et triste statue du saint roi » dans une œuvre de mérite, commandée par le gouvernement français, en France, et dans laquelle je ne voudrais pas, pour M. de Flaux, reconnaître, comme je le soupçonne, la copie de la statue de Saint-Louis du Musée de Versailles. Dans cette chapelle la messe ne se dit pas « le 15 août, fête de l'Empereur », mais bien le 25 août, fête de Saint-Louis (1).

L'auteur, chargé d'une mission scientifique à Carthage, avoue que son admiration pour les magnifiques perspectives du golfe de Tunis, bien plus que le zèle de la science, l'a plus d'une fois ramené à Saint-Louis : je le comprends à merveille ; mais encore fallait-il sauver les apparences avec qui de droit ; et c'est l'objet du « Rapport à M. le comte Walewski » (Chapitre XXIX et dernier), dont nous allons dire deux mots.

Comme on le sait, M. de Flaux avait obtenu une double mission : « faire des recherches aux bibliothèques de Tunis ; « explorer l'emplacement de Carthage. » *Grande ministerium !*

Pour les bibliothèques, ç'a été bientôt fait : M. de Flaux, qui, en vertu de sa mission, est sans doute un orientaliste en mesure de faire des découvertes précieuses, arrive à Tunis plein d'une généreuse ardeur de savant ; il court aux bibliothèques, ou s'en enquiert avec impatience ; déception ! elles sont impitoyablement fermées aux Chrétiens ! On ne saurait y pénétrer (*horresco referens !*) qu'à la condition de « *faire adjuration du christianisme !* » M. de Flaux, excellent chrétien, recule, naturellement, devant ce parti extrême, bravement adopté par Rask, et il « l'avoue en toute humilité. »

On pourrait peut-être, par pur esprit de contradiction, objec-

(1) Nous avons publié dans le *Monde illustré* du 8 février 1862 une description et une vue de la chapelle de Saint-Louis, où nous avons essayé de nous astreindre à une fidélité rigoureuse.

ter que l'auteur aurait parfaitement pu se renseigner et savoir à quoi s'en tenir à l'avance; mais alors que serait devenue la seconde partie de sa mission, l'exploration de l'emplacement de Carthage?

Aussi c'est sur quoi M. de Flaux se rabat dans son rapport. « Pendant un mois » il a exécuté des fouilles, actives à rendre des points aux jeunes gens de la fable :

. . . . Fouillez, creusez, bêchez,
Ne laissez nulle place
Où la main ne passe et repasse. . .

D'antiquités, point de cachées ; mais l'auteur a puisé, parmi toutes ces ruines, « de profondes et tristes réflexions ; » et c'est toujours quelque chose.

Du reste, que trouver quand il n'y a rien? Et quand on n'a rien trouvé que dire de ses recherches? Bah! on peut d'abord parler, quelques pages durant, de celles des autres. L'auteur n'y a pas manqué, M. de Flaux s'occupe fort poliment de ses prédécesseurs en fait d'exploration, MM. N. Davis et Beulé, et il donne une idée de leurs travaux, tout en concluant qu'au fond ils se sont donné beaucoup de peine pour peu de chose.

Parmi les objections historiques ou autres que nous pourrions faire à M. de Flaux sur maint passage de son Rapport, nous nous bornerons à celles-ci :

Page 274. « Ils (les savants) ont déterminé son (de Carthage) « emplacement, resté ignoré jusqu'au commencement de ce « siècle, et placé le plus souvent en face d'Utique... »

Cette affirmation est, tout au moins, trop absolue. Sans doute, l'emplacement de Carthage n'a guère été déterminé d'une manière scientifique avant les recherches de MM. Falbe, Dureau de La Malle et Beulé; mais il n'a jamais cessé d'être connu, ne fût-ce que par la tradition locale. Au commencement du XVIme siècle, Léon l'Africain, pour ne parler que de lui, écrivait ceci de Carthage :

« Habet tam in Occidente quam in Meridie hortos (jardins « de Marsa et d'Ariana), in Septentrione montem (cap Camart), « mare (partie Ouest de la rade), atque jam dictum flumen « (Medjerda). »

Et parlant du village de la Marsa, limitrophe de l'emplacement actuel de la vieille cité :

« Marsa antiquissimum oppidulum ad mare Mediterra- « neum eodem loco positum ubi Carthaginis portus fuit. » (1).

Un topographe de nos jours parlerait-il autrement ? Je ne conteste pas, d'ailleurs, que quelques savants aient placé Carthage à Utique. L'an dernier encore n'a-t-on pas prétendu la placer à Bougie (2) ? La science, dédaignant la foi qui ne transporte que des montagnes, se met à transporter des royaumes.

Page 277, M. de Flaux parle de la grande et magnifique mosaïque découverte à Carthage par M. Davis, et représentant « un (lisez *deux*) buste de femme, et deux (lisez *trois*) « prêtresses. » Se séparant de M. Davis qui la croit punique, et de M. Beulé qui la regarde comme byzantine, il lui attribue une origine égyptienne.

Pourquoi l'auteur ne donne-t-il pas au moins les motifs de son avis ? Nous ne sommes pas archéologue, mais il nous semble que cette mosaïque n'est ni égyptienne, ni byzantine, par la raison que, dans le dessin des figures, dans la disposition

(1) *Leonis Africani Africæ Descriptio*. Elzévir, 1632.

(2) Cette hardie translation de Carthage a été entreprise par M. Rabusson dans un mémoire soumis à l'Institut au mois d'octobre 1861. Nous avons soumis au public quelques observations à ce sujet dans la *Revue de l'Instruction publique* du 17 novembre 1861.

des couleurs, il y a, relativement, il est vrai, une souplesse, une liberté de trait, une franchise de tons, qui ne se trouvent guère dans les œuvres artistiques de l'Égypte ou de Byzance. Ici comme là, les formes et les lignes se sentent toujours assez de la gaîne hiératique pour qu'il soit impossible de ne pas reconnaître, même dans ses variations les plus éloignées, le type primitif de l'art, dans sa disgracieuse raideur. M. de Flaux conclut de la manière suivante son rapport sur la double mission... qu'il n'a pas remplie :

« Le *delenda Carthago* a été strictement exécuté ; le *jam-* « *jam perierunt ruinæ* est rigoureusement vrai.... Je crois « donc que le gouvernement a sagement fait de refuser des « fonds pour de nouvelles fouilles... » — Très-bien. Le résultat de la mission de M. de Flaux, accomplie depuis, se borne donc à constater que ce refus était sage et fondé !

M. de Flaux, pour détourner le lecteur de cette pensée, le transporte tout-à-coup des ruines de Carthage à celles de Lambessa. Il en fait une description intéressante et conclut à la nécessité de ressusciter, par une habile restauration, ce magnifique cadavre mutilé d'une des plus belles villes de l'empire romain.

Elle avait, comme on sait, trois lieues de tour, et on y entrait par douze arcs de triomphe.

Ce vœu intelligent et digne d'être réalisé est à mes yeux l'unique bénéfice net de la double mission de M. de Flaux.

Il est vrai qu'un autre résultat inespéré et inattendu, c'est le livre que nous venons de parcourir et d'annoter, la *Régence de Tunis au XIXme siècle ;* mais il ne vaudra que par une édition revue, corrigée et considérablement réduite.

Nous le fermerons à cette page, le reste ne renfermant que

les traités publiés pour la première fois par M. A. Rousseau, et quelques fragments de poésie arabe, traduits par qui, l'auteur ne le dit pas, et précédés d'une introduction très-vague et très-écourtée, qui ne prouve qu'une chose : c'est que M. de Flaux aurait pu lire au moins le discours de l'illustre de Sacy sur la poésie arabe, avant d'aborder ce sujet.

IV.

En terminant ces observations, où nous ne pensons pas avoir dépassé la mesure d'une critique loyale et digne, nous les déférons, sans présomption ni crainte, au jugement du public restreint qui nous lira, et dont nous réclamons l'indulgence.

Nous n'hésitons pas à compter sur l'impartialité élevée de M. de Flaux lui-même, qui ne méconnaîtra ni nos intentions ni notre entière bonne foi.

Ce que nous savons de son talent et ce qu'on nous a dit de son caractère, nous font espérer qu'il ne lui en coûtera pas de parcourir avec calme ce travail quelquefois sévère, mais toujours juste ou s'efforçant de l'être ; et que, se défendant sans peine des suggestions mesquines de l'amour-propre d'auteur, il n'aura pas beaucoup à réfléchir pour se rendre noblement, non pas à nos raisons, mais à l'ascendant de la vérité impersonnelle et souveraine.

C'est son triomphe seul qui doit être le but de toute polémique, et il suffit pour en constituer à la fois l'excuse, la morale et l'honneur.

NONCE ROCCA.

Orléans. — Imprimerie et lithographie E. CHENU, rue Croix-de-Bois, 21.

www.ingramcontent.com/pod-product-compliance
Ingram Content Group UK Ltd.
Pitfield, Milton Keynes, MK11 3LW, UK
UKHW021009220726
13924UKWH00002B/936